AF189160

Das Buch

Dieses Buch enthält eine Sammlung von emphatischen Sätzen und kleinen Texten, die die Seele berühren und in schwierigen Zeiten hilfreich sein können. Sie eignen sich als Affirmationen zur Selbsthilfe genauso gut wie zur Integration in die Kommunikation mit Menschen, die einem am Herzen liegen. Der Leser findet hier Worte, die einfach nur gut tun, weil sie den Menschen, an den sie gerichtet sind, genau da abholen, wo er gerade steht, nämlich mitten in einem Seelenschmerz. Ob dieser klein oder groß ist, spielt keine Rolle. Es wird nicht geurteilt, nichts verlangt und nichts verdrängt. Einziges Ziel ist, sich selbst oder den Mitmenschen fürsorglich mit guten Worten anzunehmen und ihm Halt zu geben.

Mathilda Herz

Gute Worte für dich

Bibliografische Information der Deutschen Nationalbibliothek:
Die Deutsche Nationalbibliothek verzeichnet diese Publikation in der Deutschen Nationalbibliografie; detaillierte bibliografische Daten sind im Internet über http://dnb.d-nb.de abrufbar.

Coverfoto: suyu / Pixabay

Herstellung und Verlag:
BoD – Books on Demand, Norderstedt

ISBN: 9783746094168

„Wir wollen lachen, aber auch weinen können, wollen uns mit unseren Gefühlen verstanden wissen. Wir wollen spüren, dass wir für ein anderes Lebewesen wichtig und hilfreich sind, und wir brauchen ein Minimum an warmherzigem Körperkontakt. Wir wollen ganz einfach geliebt werden. Wie die Pflanzen sich zum Licht der Sonne drehen, so brauchen wir das Licht von Liebe und Freundschaft. Ohne das versinken wir in Angst und Depression. Leider sind in unserer Gesellschaft beständig zentrifugale Kräfte am Werke, die uns voneinander trennen. Und wenn sie uns nicht trennen, zwingen sie uns doch oft genug, inmitten gewalttätiger Worte zu leben, statt umhüllt von Zuneigung."

David Servan-Schreiber[1]

[1] Servan-Schreiber, David (2006).
Die Neue Medizin der Emotionen. 17. Auflage, Taschenbuchausgabe Februar 2006, S. 213

Zu Beginn

Dieses Buch enthält Worte, Sätze und kleine Texte, die einfach nur gut tun. Sie helfen, trösten und geben Sicherheit in schweren Zeiten. Sie berühren die Seele und lassen sich kompromisslos auf Schmerz, Angst und Verlassenheitsgefühle ein. Sie stellen sich voll und ganz auf die Seite eines Menschen, ergreifen Partei für ihn und stärken ihm den Rücken.

Die guten Worte, die du in diesem Büchlein findest, sind nicht einfach nur „schlaue" Sprüche und Motivationssätze, die auf positives Denken abzielen. Es sind auch keine küchenpsychologischen Weisheiten oder Ratschläge von Persönlichkeiten, die scheinbar immer alles schaffen, in Stehaufmännchen-Manier fortwährend positiv eingestellt sind und voller Energie ihre Grenzen austesten, um fröhlich lachend über sie hinauszuwachsen. Die hier für dich gesammelten Worte peitschen dich nicht zu noch mehr Leistung an und erwarten auch nicht von dir, dass du niemals aufgibst. Hier geht es nicht um Verdrängen, Wegschieben oder Verharmlosen deiner Gefühle. Es wird nicht von dir verlangt, dich abzulenken, dich nicht so anzustellen, dich zusammenzureißen und nicht alles so negativ zu sehen.

Wir alle brauchen emotionale Zuwendung von anderen Menschen. Wir sehnen uns nach Glück und möchten uns geborgen fühlen. Wenn wir uns der Aufmerksamkeit eines lieben Menschen sicher sein

9

dürfen, wenn uns jemand, der uns wichtig ist, guten Rückhalt gibt, dann geht es uns besser, in welcher Lage wir uns auch immer befinden mögen. Die Sprache hilft uns, dem anderen zu vermitteln, dass er uns wichtig ist und wir ihn verstehen, dass wir uns um ihn sorgen, dass wir ihn mögen und ihn als zu uns zugehörig empfinden. Das ist auch der Fall, wenn wir selbst dieser „andere" sind, wenn wir also zu uns selbst sprechen. Das sind die Gründe, warum ich in diesem Büchlein „Sprache" für dich gesammelt habe.

Es ist für jeden Persönlichkeitstyp etwas dabei. Du findest kurze, klare Botschaften, längere Sätze mit viel Aussagekraft und sogar poetisch anmutende kleine Texte, die sich an Bildern und Symbolen bedienen. Manche sind schüchtern und bescheiden, einige klingen sachlich, aber sicher und felsenfest, andere sind selbstbewusst und tragen dick auf, wieder andere sind einfach nur liebevoll und herzlich.

Lass die Worte auf dich wirken. Lass dich beispielsweise von ihnen inspirieren, wenn du gerne einen lieben Menschen unterstützen möchtest, aber nicht weißt, was du ihm sagen sollst. Du kannst dir einen besonders passenden Spruch raussuchen und auf eine Karte schreiben, die du jemandem schickst. Oder schreib ihn auf einen kleinen Zettel, den du deinem liebsten Menschen hinterlässt oder heimlich zusteckst, damit er ihn als kleine Überraschung im Laufe des Tages findet. Du kannst dir sicher sein, dass dein Gruß sein Herz wärmt und ihm vielleicht sogar ein Lächeln aufs Gesicht zaubert.

Ein paar wirklich liebevolle Worte können tatsächlich dabei helfen, Blockaden zwischen Menschen aufzulösen und einen fruchtbaren Boden für eine vertrauensvolle Beziehung zu schaffen. Dabei kann eine heilende Kraft in Fluss kommen, und zwar auf beiden Seiten: auf der Seite des Absenders und auf der Seite des Empfängers.

Diese heilende Kraft kannst du dir aber auch wunderbar allein für dich selbst zunutze machen. (Was übrigens den Effekt hat, dass deine Mitmenschen von einer sehr angenehmen Strahlkraft, die mehr und mehr von dir ausgehen wird, profitieren werden.) Jeder von uns trägt eine Instanz in seiner Persönlichkeit, die bestrebt ist, uns vor dem Untergang zu bewahren. Es ist die Instanz, die will, dass wir überleben, dass es uns gut geht, dass wir satt, glücklich und zufrieden sind und uns rundum wohl fühlen. Dieser Teil in uns ist natürlich bei jedem anders ausgeprägt, je nachdem, wie unsere Kindheit, ja, unser ganzes bisheriges Leben verlief. Wir können besagte Persönlichkeitsinstanz in uns aufbauen und stärken, so dass wir uns immer und überall darauf verlassen können, dass sie uns rettend auffängt, egal was passiert. Diese innere Person ist die einzige, die uns rund um die Uhr begleitet. Keine einzige Sekunde ist sie abwesend. Sie lässt uns niemals allein und teilt das komplette Leben mit uns. Wir wären dumm, wenn wir sie nicht zu unserem größten Verbündeten und besten Freund machen würden, der uns in jeder Lebenslage mit Rat und Tat zur Seite steht, uns wie der beste Arzt der Welt gesund therapiert, uns wie eine gute Mutter mit allem versorgt, was wir brauchen, uns wie ein stolzer Vater vor allem beschützt, was uns bedroht - eine innere Person, die uns nebenbei auch noch völlig selbst- und bedingungslos liebt, wie es ein „normaler" Mensch niemals könnte.

Wir können sie ganz bewusst gute Worte zu uns sprechen lassen, je öfter, desto besser. Je intensiver wir sie mit uns kommunizieren lassen, desto mehr bauen wir sie auf. Das bedeutet nichts anderes, als dass wir uns selbst auffangen und gut tun, dass wir unsere Selbstliebe immer mehr stärken, damit uns Geschehnisse und Gefühle nicht mehr so schnell aus der Bahn werfen. Wenn wir selbst gut für uns sorgen können, dann haben wir die beste Voraussetzung dafür geschaffen, auch für unsere Mitmenschen da sein zu können und sie effektiv zu unterstützen.

Wenn du das Buch in diesem Sinne für dich selbst nutzen willst, dann könntest du zum Beispiel zufällig eine Seite aufschlagen und den Text, den du nun liest, ganz bewusst zu dir selbst sprechen. Du kannst versuchen, ihn laut vor dem Spiegel auszusprechen. Das ist nicht einfach, aber sehr wirkungsvoll. Oder finde einen Satz, der dich im Moment besonders anspricht und schreibe ihn auf ein Blatt Papier, das du an den Badezimmerspiegel klebst. Trage ihn zum heutigen Tag in deinen Kalender ein oder tippe ihn als Memo in dein Handy. Lies ihn so oft wie möglich, sag ihn dir innerlich immer wieder vor. Du kannst auch mit dem Satz eine kleine Meditationseinheit durchführen. Deiner Fantasie sind keine Grenzen gesetzt.

Nun aber wünsche ich dir viel Freude mit diesem Buch, und dass du in deinem Leben immer die Liebe findest, die du brauchst, um dich geborgen und in dieser Welt gut aufgehoben zu fühlen.

Mathilda

Du bist für mich
der wichtigste Mensch.

Ich bin zutiefst dankbar dafür,
dass ich mit dir durchs Leben gehen darf,
ob die Sonne scheint
oder ob es in Strömen regnet.

Wenn du ganz natürlich du selbst bist,
dann bist du am schönsten.

Du bist immer eine Bereicherung,
eine Erbauung, eine Inspiration,
gleich, ob du glücklich oder traurig bist.

Du bist ein ganz liebenswerter Mensch
und sogar in deiner Trauer
von einer großen
inneren und äußeren Schönheit.

Dir stehen Gesundheit,
Liebe und Glück zu.

Ich helfe dir mit allem,
was mir zur Verfügung steht,
dass sie in Fülle
in deinem Leben Einzug halten
und alles Dunkle, Schwere verdrängen.

Wenn du das Gefühl hast,
dass du der Welt immer nur geben musst
und schon ganz leer bist,
dann trau dich bitte,
alles von mir anzunehmen,
was ich dir geben kann.

Wahrscheinlich ist es mehr,
als du brauchst.

Ich lasse dich niemals allein
in deinem Schmerz.

Ich lasse dich keine Sekunde allein,
weil ich weiß,
dass Verlassenheit dich in diesen Tagen
zu Boden strecken würde.

Ich verstehe deine Angst
und bin an deiner Seite,
wann immer du meinen Schutz brauchst.

Du brauchst nichts zu sagen,
nichts zu erklären.
Du musst dich nicht rechtfertigen.

Es ist vollkommen in Ordnung,
dass du dich gerade so fühlst.
Es wäre gar nichts anderes vorstellbar.
Ich verstehe dich voll und ganz.

Wenn die Angst
dir die Kehle zuschnürt,
dann schreie ich für dich.

Du weißt nicht,
was das Ganze für ein Ende nimmt,
und ich weiß es auch nicht.

Aber ich kauere mit dir
in deiner Angsthöhle
und passe auf,
dass es dich nicht kaputt macht.

Wenn du die bedrohliche Gefahr
ausmachen musst, die auf dich zukommt,
dann gebe ich dir Rückendeckung
und sorge mit meinem Panzerschild dafür,
dass kein Messer dich von hinten trifft.

Immer dann, wenn dein Herz
vor Angst stolpert und rast,
umarme ich dich.

Dann kann es sich erleichtert
dem unbeirrbaren, ausgeglichenen
Rhythmus meines Herzens anschließen
und zur Ruhe kommen.

Wenn es in deiner Angst
um Leben und Tod geht,
dann baue ich mich
wie ein Schutzwall vor dir auf,
prüfe blitzschnell die Situation
und tue, was getan werden muss,
um dich sofort da rauszuholen.

Keine Sorge, ich bin Experte
auf diesem Gebiet.

Du musst nur die nächste Minute,
die nächste Stunde,
diese Nacht überleben.
Ich bin bei dir und wache.

Ich berühre dich nicht,
ich komme dir nicht zu nahe,
aber ich passe auf,
dass du nicht vor Schmerz
in eine andere Welt entgleitest,
bis der Morgen wieder Licht bringt.

Wenn du nicht weißt,
woher deine wahnsinnige Angst kommt,
dann verfolge ich mit dir zusammen
ihre lange verworrene Spur,
bis wir ihre Quelle gefunden haben.
Sie wird auf der Stelle versiegen,
wenn sie uns erblickt.

Dann gehen wir Hand in Hand
in eine neue Richtung,
auf einem neuen Weg.

Es kann sein,
dass sie deinen Körper verletzen,
aber deinen Seelenkern
werden sie nicht anrühren.

Er ist geschützt
durch das stärkste Panzerglas,
und ich stehe als Wächter
mit stahlharter Faust davor.

Sieben Minuten
wurde dir das Schlimmste angetan.

Sieben Stunden
warst du in regloser Schockstarre.

Sieben Tage
lagst du am Boden in Schutt und Asche.

Sieben Wochen
brauchtest du, um wieder aufzustehen.

Sieben Monate
kämpftest du dich ins Leben zurück.

Sieben Jahre
werde ich dich hegen, pflegen
und behutsam heilen.

Solange du vor lauter Tränen
nicht klar sehen kannst,
räume ich dir die Steine aus dem Weg.

Und wenn deine Tränen
ein ganzes Tal überfluten
und einfach nicht aufhören wollen
zu fließen, dann ist es richtig so.

Eines Tages werden deine Augen trocknen
und den strahlend blauen Himmel
wieder erkennen.

Lass mich
das Ruhekissen für deine Seele sein.

Du kannst dich mit gutem Gewissen
jetzt ein wenig ausruhen
und Kraft schöpfen.

Danach gehst du gestärkt
wieder hinaus in die Welt
und erfüllst deine Bestimmung.

Du kannst dir sicher sein,
ich finde dich
in der unendlichen Wüste
der Einsamkeit
und bringe dir Wasser.

Wenn du keine Namen mehr
für die vernichtende Verlassenheit hast,
die dein Blut in den Adern gefrieren lässt,
dann bin ich da
und berühre dich
mit wärmender Hand.

Du kannst mir dein ganzes Leid
klagen, rausweinen,
entgegenschreien.

Zusammen sind wir stark genug,
das auszuhalten.
Dann wird es seine Schwere verlieren.

Ich bewundere deine Kraft
und Wesensstärke,
die dich immer noch
aufrecht stehen lassen.

Wenn du aber Erleichterung brauchst,
dann kannst du dich getrost
eine Weile an mich anlehnen.

Es ist, wie es ist.
Du hast keine Schuld.
Du hast dein Bestes gegeben,
und auch jetzt tust du
dein Bestmögliches.

Mehr kannst du nicht tun.
Alles andere steht nicht in deiner Macht.

Ich halte dir sämtliche Zweifler,
Kritiker und Schwarzmaler vom Leib,
damit du in Frieden
die richtige Entscheidung
für dich treffen kannst.

Egal, wieviel Zeit du dafür benötigst,
meine Geduld ist endlos.

Ich bin der sanfte Regen,
der dich auftankt.
Ich bin die warme Sonne,
die dich auflädt.
Ich bin die reiche Erde,
die dich nährt.

Nimm von mir, so viel du brauchst,
bis du wieder
in deiner ganzen Schönheit erblühst.

Du könntest mir
kein schöneres Geschenk machen.

Ich bin einzig und allein hier,
um dir gut zu tun und dich zu stärken.
Das ist meine Bestimmung
und mein Glück.

Bediene dich bitte
frisch und frei an mir.
Greif verschwenderisch zu
und nimm egoistisch
von meiner heilenden Energie,
so viel du nur kannst.

Du bist die letzte königsblaue Kornblume
auf einem verdorrten Feld.

Ich erkenne dein schwach gewordenes
Leuchten und eile herbei.

Behutsam grabe ich dich
mit deinen ausgetrockneten Wurzeln aus,
um dich in meinem fruchtbaren Garten
an einem geschützten Platz
wieder einzupflanzen.

Dort bist du sicher und nie mehr allein.

Verlange nicht zuviel von dir.
Die Wunde in deinem Herzen
ist noch so frisch.

Du kannst mir alles erzählen,
was auf deinem Herzen lastet,
auch wenn es wild wie ein Wasserfall
völlig durcheinander
aus dir herauskommt.

Ich fange das alles auf und wir sortieren es
anschließend gemeinsam,
in aller Ruhe.

Wenn du dir etwas
von der Seele reden möchtest,
dann komm zu mir.

Bei mir ist alles gut aufgehoben
wie in einem sicheren,
fest verschlossenen Tresor.

Ich höre dir zu,
ich fühle mit dir,
ja, ich weine auch mit dir.

Manchmal ist allein das
schon die Lösung des Problems.

Du steckst gerade mitten in
einer ganz schwierigen Situation.

Komm, wir tüfteln zusammen
einen Plan aus,
wie du am besten
da wieder herauskommst.
Und zwar so, wie es dir entspricht
und wie es sich für dich richtig anfühlt.

Du allein weißt am besten,
was in diesem Moment
gut und hilfreich für dich ist.

Wir schaffen jetzt
den nötigen Raum und die nötige Zeit,
damit du deine innere Stimme,
die dir alles Wichtige mitteilt,
klar und deutlich hören kannst.

Vergiss dabei nicht:
Manchmal muss sie erst Vertrauen fassen
und es dauert eine Weile,
bis sie vernehmbar ist.

Es ist überhaupt nicht schlimm
und vollkommen normal,
wenn dein Verstand gerade müde ist
und keine klaren Gedanken
mehr hervorbringt.

Leg dich einfach hin
und schlafe ein wenig.
Es ist gut möglich,
dass du die Lösung träumst.

Es quält dich,
dass deine Gedanken sich im Kreis drehen
und du keinen Schritt mehr weiter kommst.

Lass es einfach für eine Weile so stehen.

Steh auf
und „arbeite" mit deinem Körper weiter:
Nimm ein heißes Bad,
mache einen Spaziergang,
treibe etwas Sport,
geh in die Sauna,
was auch immer dir einfällt.

Du wirst sehen,
schon währenddessen oder danach
kommen deine Gedanken
in einen neuen Fluss.

Alles hat sein Maß
und muss ausgeglichen sein:
Ruhe und Bewegung,
Stille und Lärm,
Langsamkeit und Schnelligkeit.

Jetzt sind
die Ruhe, die Stille und die Langsamkeit
an der Reihe.
Du darfst dich jetzt ausruhen.

Heutzutage wird man ständig
zum Überschreiten der eigenen Grenzen
angetrieben.

Solange es dir jedoch nicht gut geht,
solange du verletzt und angeschlagen bist,
achte gut auf deine Grenzen
und halte sie ein.

So schützt du dich selbst,
bis du deine ganze Kraft
wieder zurückgewonnen hast.

Alles, was du fühlst, stimmt.
Jedes deiner Gefühle ist berechtigt
und hat einen guten Grund.

Wer dir sagt, deine Gefühle seien falsch,
der hat Unrecht
und verfolgt in diesem Moment
eigene Interessen,
auch wenn es ihm vielleicht nicht
bewusst ist.

Igel dich einfach mal eine Zeit lang ein
und mach dich unantastbar.

Schütze deinen verletzlichen Kern,
indem du nach außen
deine Stacheln zeigst.

Manche Eltern glauben,
sie dürften ihren Kindern
nicht zuviel Liebe geben,
damit sie nicht „missraten".

Ich aber
will dich mit Liebe und Fürsorge
so reichlich versorgen,
dass du bald keinen Mangel mehr spürst.

Wenn auch nichts sicher ist
in deinem Leben,
eines trifft mit absoluter Sicherheit zu:
Eine gesunde, warme Mahlzeit
hält Leib und Seele zusammen.

Ich helfe dir, dich daran zu erinnern,
damit du die Widrigkeiten des Lebens
besser überstehst.

Ich danke dir,
dass du mich in deine Welt eintreten lässt
und mir erlaubst,
dir dort in Liebe zu begegnen.

૬ઠ Raum für deine eigenen Worte ૭ભ